10대를 위한 최신 과학

ROBOTS 로봇

글 윌리엄 포터 | 옮김 송지혜

우리동네
책공장

1판 1쇄 발행 2022년 3월 30일 | 1판 3쇄 발행 2024년 5월 10일

글 윌리엄 포터 | 옮김 송지혜 | 편집 꿈틀
펴낸이 정윤화 | 펴낸곳 더모스트북 | 디자인 S and book (design S)
출판등록 | 제 2016-000008 호
주소 강북구 인수봉로 64 길 5 | 전화 02-908-2738 | 팩스 02-6455-2748
이메일 mbook2016@daum.net

ISBN 979-11-87304-28-9 74550
ISBN 979-11-87304-27-2 74550 (세트)

우리동네책공장은 더모스트북의 아동브랜드입니다.

The Tech-Head Guide: Drones
The Tech-Head Guide: Drones by William Potter
First published in Great Britain in 2020 by Wayland Copyright © Hodder and Stoughton, 2020
Korean edition copyright © The Mostbook, 2022 All rights reserved.

This Korean edition published by arrangement with Hodder and Stoughton, on behalf of Wayland, a part of Hachette Children's Group, through Shinwon Agency Co., Seoul.

이 책의 한국어판 저작권은 신원에이전시를 통해 저작권자와 독점 계약한 더모스트북에 있습니다.
저작권법에 의해 한국 내에서 보호를 받는 저작물이므로 무단 전재와 무단 복제를 금합니다.

Picture credits:
Alamy: AF Archive/WALL-E, 2008/Disney 27b; Atlaspix/Star Wars, 1977/LucasFilm/Disney 26br; Chronicle 6-7bg, 6bl, 7b; Pictorial Press 4cl; Pictorial Press/I Robot ,2004 /20th c Fox 27t; RP Library 24cr; Sportsphoto/I Robot, 2004/20th c Fox 26-27bg; Amin Wiegel/dpa 24b.Getty Images: AFP 21cr; Bloomberg 19t; Larry Burrow/The LIFE Collection 8c; John B Carnett 16c; Koichi Kamoshidda 25b; Science & Society PL 6br, 9tl. NASA: GM 19br; JPL 8-9bg, 9cr; JPL-Caltech 5b, 25c; JSC 28r. 123RF: Dmitry Azarov: 25t. Science Photo Library: Peter Menzel 22bl, Shutterstock: AlexLMX 11cl; Anatolir 9ccl; BigMouse 8br; davooda 8bc; Patrick Daxonbichier. 11t; Mike Dotta 11br; Nor Gal 11cr; Anton Gvozdikov 23bl; Volodymyr Horbovyy 4-5bg; Imagine China/Rex 20br; Iryna Art 16-17bg; AKKHARAT JARUSILAWONG 7c; Jenson 4b; Sergey Klopotov 29bl; ksenvitain 8c; kts design back cover br,10-11bg; kuroksta 9cr; Mario's Studio 8cr; Mr Rashad 9br; Bas Nastassia 10cl; Titov Nikolai 9br; 90 miles 9bc; oakkii 8bl; Jurik Peter front cover b/g; Phonlamai Photo 1, 2-3bg, 9c, 29br; Quality Stock Arts 14bl, quangmoo 15b;Quinennip 9ccr; Salarew Rutso 20-21bg; Supphachai Salaeman 22-23bg, 30-31bg; SHIN-db 14-15bg; Ned Snowman 4cr; sobinsergey84 28-29bg; sripfoto 24-25 bg; suesse 8cr; Vika Suh front cover main, 29tl; temp-64GTX 29tr; Tinxi 23t; TRMK 18-19bg; Usasuk 21tr; Vernonchick_84 8cl; Visual Intermezzo 12-13bg; weera.otp 10br; Xinhua/Rex 13cr; Olga Zakharova 9cl. Superstock: World History Archive/ARPL: 26bl. Wikimedia Commons: Marshall Astor from San Pedro, US/CC Wikimedia Commons 2 9tc; Nevit Dilmen/CC Wikimedia Commons 3 10cl; Erik Möller/PD Wikimedia Commons 7tl; Rama/CC Wikimedia Commons 4/Musée d'Art et d'Histoire de Neuchâtel. 7tr; U.S. Navy photo by Mass Communication Specialist 2nd Class Jhi L.Scott/Released/PD/Wikimedia Commons 12bl. Other photos courtesy of: AvatarMind back cover bl, 22br; Boston Dynamics 15cl, 23br; Caterpillar 20bl; Eelume Ekstabilde tekst 14cr; Istituto Italiano di Tecnologia (IIT) 13b; Marsi Bionics 15tr; Mesa Robotics 15b; MIT Senseable City Lab and Alm Lab 13cl; MOD ©Crown Copyright 2012.OGL back cover tr, 17tr; © QinetiQ North America MAARS 5t; 17b; Rethink Robotics Inc 18b; Robotics UK, ABB Ltd 19bl; Serbot Swiss Innovations 21cl; TATRC 17tc;

Every attempt has been made to clear copyright. Should there be any inadvertent omission please apply to the publisher for rectification.

Text credit:
p27: 'The Three Laws of Robotics' from "Runaround", first published in. I, Robot (The Isaac Asimov Collection ed.). (Doubleday, 1950). p. 40.

While every attempt has been made to gain permissions. Should there be any inadvertent omission, please apply to the Publisher for rectification.

차례

로봇 프로그래밍 ·· 4
자동화 시대 ·· 6
진짜 로봇 등장 ·· 8
로봇의 구성 ··· 10
위험 지역 ·· 12
이동 로봇 ·· 14
전쟁 로봇 ·· 16
자동차 산업 ··· 18
로봇이 대신하는 작업 ····································· 20
멋진 안드로이드 ··· 22
로봇 스타들 ··· 24
로봇과 영화 ··· 26
로봇의 발전 ··· 28

용어 풀이 / 참고할 만한 사이트와 책 ··············· 30
찾아보기 ··· 32

로봇 프로그래밍

로봇은 복잡한 명령을 따르도록 프로그램이 된 기계이다.
어떤 로봇은 거대한 팔 모양으로 자동차 공장에서 반복적인 작업을 하고 있고,
어떤 로봇은 사람의 모습을 많이 닮았다.
로봇은 가장 깊은 바닷속과 우주의 탐사를 해서 과학자들을 돕기도 하고,
또 우리의 일상생활의 한 부분을 차지하기도 한다.

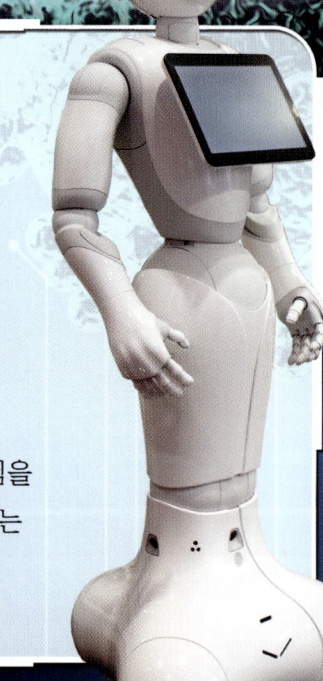

최초의 로봇

로봇이라는 단어는 슬라브어의 '로보타'에서 유래했는데, 강제노동이란 뜻이다. 체코의 작가 **카렐 차페크**가 1920년에 쓴 '로숨의 유니버설 로봇'이라는 희곡에 등장하는 인공인간을 묘사하기 위해 사용된 말이었다. 지금 이 단어는 대부분의 자동 기계를 일컫는다.

안녕, 인간!

로봇은 우리 주위에서 점점 더 많이 볼 수 있게 되었다. 가정에서 아이들이 로봇 장난감과 놀거나 학습하는 동안, 로봇 청소기는 바닥을 청소하고 닦는다. 또 로봇은 호텔과 사무실을 방문한 손님을 안내하고 기차역과 공항에서는 보안을 담당한다.

조립 작업

계속 반복되거나 많은 힘이 필요하거나 위험한 작업이라면 로봇에게 맡기면 된다.
이들은 지루해하지도 않고 쉬는 시간도 필요 없으며, 유지 관리만 해 주면 된다. 조립 공장에서 줄지어 작업하는 로봇 팔들은 밤이든 낮이든 정확하게 같은 작업을 반복하며 자동차를 만들 수 있다.

마이크로봇

로봇은 점점 작아지고 있다.
어떤 로봇은 마치 일벌처럼 **무리** 지어 함께 일하도록 프로그래밍 된다. 이 단순한 기계들은 적외선 신호를 사용하여 서로 통신하고, 넓은 지역을 탐색하거나 농작물의 꽃가루를 옮기는 등 혼자서 하기 힘든 작업을 수행한다. 머지않아 아주 작은 나노봇(25쪽)이 사람 몸속의 암세포를 찾아내어 파괴할 수 있을 것이다.

기술 전쟁

군대에서는 감시나 폭발물 처리 그리고 전쟁터의 군인들을 구조하기 위해 로봇을 사용하고 있다. 그뿐 아니라 폭탄을 운반하는 원격 조종 드론이나 적군을 공격하는 무인 탱크처럼 로봇 자체를 무기로 사용하기도 한다.

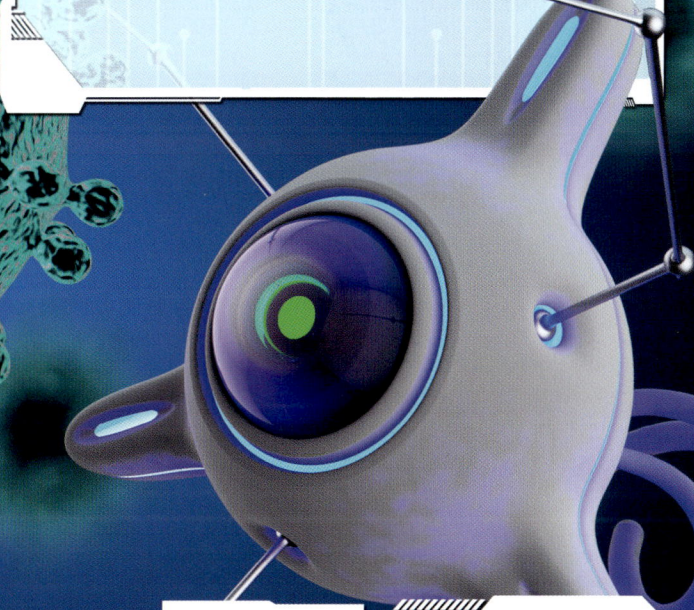

우주 로봇

로봇은 나사(NASA)의 **큐리오시티 로버**처럼 화성을 탐사하거나 태양계 너머까지 빠른 속도로 발사되는 등 인간을 대신해서 아주 멀거나 극한 환경으로 가서 조사해준다. 이런 로봇들은 새롭게 발견한 정보들을 지구에 있는 과학자들에게 전송해 주는 역할을 한다.

자동화 시대

'로봇'이라는 단어가 등장하거나 혹은 전력이 발명되기 전에도 여러 가지 작업을 수행하기 위해 기계를 만들려는 시도들이 있었다. 꼭두각시 인형처럼 생겼으며, 증기나 태엽 장치로 움직였던 **오토마톤**도 그런 시도 중 하나였다.

동력 비둘기

고대 그리스의 공학자와 수학자들은 움직이는 인형이 부착된 물시계와 증기로 움직이는 비둘기를 만들어냈다. **아르키타스**(기원전 428-347)가 만든 나무 비둘기의 내부에는 동물의 방광이 들어있었는데, 이 방광에서 나오는 압축 공기를 이용해 수백 미터까지 날아갈 수 있었다. 이것은 최초의 자율 비행 기계이며 최초의 로봇이라고 여겨지기도 한다.

자동 시계

1094년, 중국 송나라의 발명가 **소송**은 물을 이용한 자동 천문 시계를 만들었다. 기계장치와 연결된 인형들이 움직이면서 북과 종을 쳐서 시간을 알려주었다.

로봇 기사

이탈리아 르네상스 시대의 천재 **레오나르도 다 빈치**도 오토마톤을 만들었다. 레오나르도는 1495년 궁정 행사에 전시할 갑옷이 살아 움직이게 하도록 기어와 도르래를 사용하여 골격을 세웠다.
이 로봇 기사는 서거나 앉고, 투구 덮개를 올리고 또 팔을 움직일 수도 있었다.

일본의 오토마톤

가라쿠리는 17세기에서 19세기 사이에 만들어진 일본의 전통 인형이다.
이 기계인형의 태엽을 감으면 나무로 만든 톱니바퀴가 돌아가면서 움직였다. 무대나 종교 행사에서 사용되는 것도 있었고, 손님에게 차를 대접하거나 절을 하는 것도 있었다.

놀라운 자동인형

1774년 스위스의 시계 제작자 **피에르 자케드로**는 시계 판매를 위한 광고전략으로 6,000개의 부품으로 움직이는 **오토마톤** 여러 대를 만들었다. 이들은 글을 쓰고, 여러 그림을 그리고 오르간을 연주할 수도 있었다. 그중 오르간 연주를 하는 오토마톤은 숨 쉬는 모습을 흉내 냈다.

놀라운 뮤지컬

18세기 발명가 **자크 드 보캉송**은 손이 인공 피부로 덮여 있는 오토마톤을 만들었는데, 마치 실제 연주자처럼 플루트에 입김을 불어 손가락을 움직이면서 한 곡을 끝까지 연주했다. 이 플루트 연주자는 큰 성공을 거두었고, 보캉송은 뒤이어 북 치는 소년, 똥을 싸는 오리라는 이름의 자동 기계를 더 만들었다.

진짜 로봇 등장

태엽 장치는 재미있는 물건을 만드는 데 많이 사용되었지만, 20세기가 되자 다양한 작업을 할 수 있도록 프로그래밍 된 전자 로봇이 그 자리를 대신하게 되었다. 최초의 안드로이드 로봇은 사람과 닮은 외모로 사람을 놀라게 했고, 연예인처럼 세계 곳곳을 돌아다녔다. 1950년대 들어 이들은 산업이나 과학, 우주 탐사에서 보다 실용적인 역할을 하게 되었다.

느릿느릿 기술

1948년 **윌리엄 그레이 월터**는 스스로 움직이는 최초의 **자율** 로봇 엘시와 엘머를 만들었다. 이 두 대의 로봇은 거북이 모양이었고 세 개의 바퀴로 느릿하게 움직였다. 이들은 충돌 센서와 광센서를 사용하여 스스로 장애물을 피하고 배터리가 떨어지면 충전소로 돌아갔다.

로봇 정보

- 모델: 소저너
- 제작: 미국항공우주국(NASA)
- 연도: 1997년
- 임무: 화성 탐사
- 무게: 11.5kg
- 속도: 시속 0.024km
- 도구: 입체영상기, 알파 양자 X선 분광기

연표

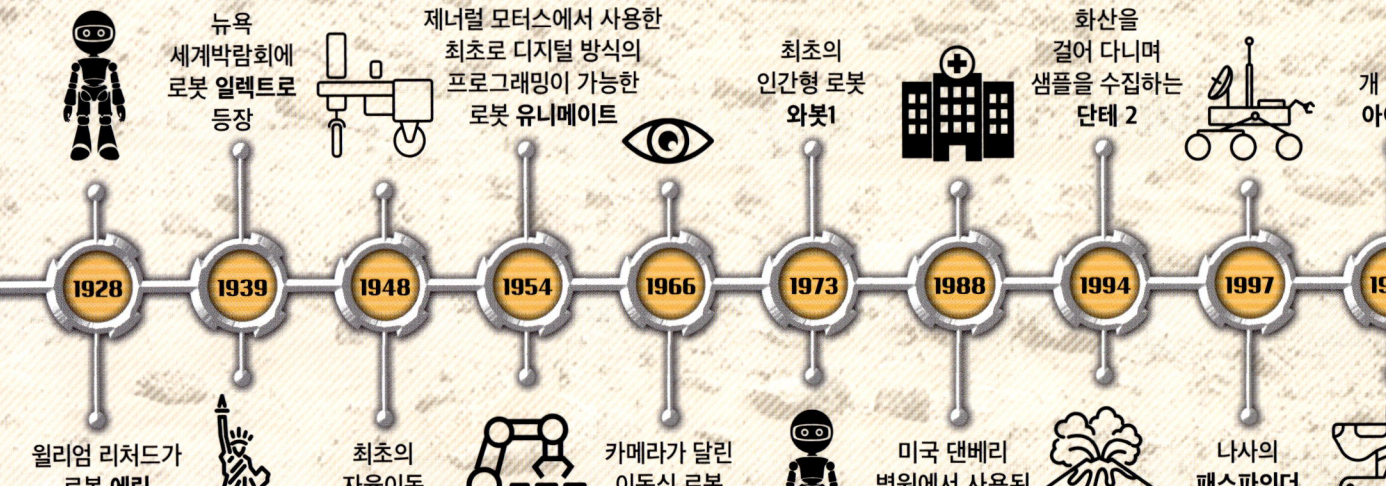

- 1928 — 윌리엄 리처드가 로봇 에릭 전시
- 1939 — 뉴욕 세계박람회에 로봇 일렉트로 등장
- 1948 — 최초의 자율이동 로봇 엘머와 엘시
- 1954 — 제너럴 모터스에서 사용한 최초로 디지털 방식의 프로그래밍이 가능한 로봇 유니메이트
- 1966 — 카메라가 달린 이동식 로봇 셰이키
- 1973 — 최초의 인간형 로봇 와봇1
- 1988 — 미국 댄베리 병원에서 사용된 병원용 로봇 헬프메이트
- 1994 — 화산을 걸어 다니며 샘플을 수집하는 단테 2
- 1997 — 나사의 패스파인더 로버가 화성에 착륙
- 1999 — 개 로봇 아이보

새로운 세상

1997년, 나사(NASA)는 소저너 로버를 실은 우주 탐사선 **패스파인더**를 화성에 성공적으로 착륙시켰다. 여섯 개의 바퀴가 달린 이 로봇은 태양 에너지를 이용해 100m가량 운행했는데, 토양 샘플을 수집하고 예상보다 12배나 긴 85일 동안 화성의 지형 사진과 관련 정보를 지구로 전송했다. 뒤이어 2003년 발사된 **오퍼튜니티**는 15년 동안 화성 표면을 42km 이상을 이동하며 임무를 수행했으며, 2011년 발사된 **큐리오시티**는 지금도 고대 생명체의 흔적을 찾기 위해 활동하고 있다.

로봇의 직업

1954년 미국의 발명가 **조지 데볼**이 최초의 대량 생산 로봇 팔인 **유니메이트**를 자동차 공장에 도입했고, 이후 로봇 산업은 크게 발달했다. 디지털 방식의 프로그래밍이 가능한 유니메이트는 1961년 미국 뉴저지주 트렌턴이라는 도시에 있는 제너럴 모터스의 공장에 설치되어 뜨거운 금속 부품을 옮기고 쌓는 일을 했다. 그후 450개의 유니메이트 로봇팔이 이 공장에서 일했다.

셰이키

셰이키는 주변 환경을 인지할 수 있는 최초의 이동식 로봇으로, 스탠퍼드 연구소에서 1966년부터 1972년에 걸쳐 개발되었다. 큰 키에 4개의 바퀴를 달고 있었고, 움직일 때마다 흔들거렸기 때문에 이런 이름이 붙었다. 셰이키는 길을 찾거나, 물건을 길 밖으로 밀어내고, 불을 켜거나 끄고, 문을 여닫을 수 있었다. 셰이키는 방 크기의 컴퓨터와 무선 통신을 하며 명령을 수행했으며, 레이저 거리측정기와 충돌 센서를 사용해 장애물을 피했다.

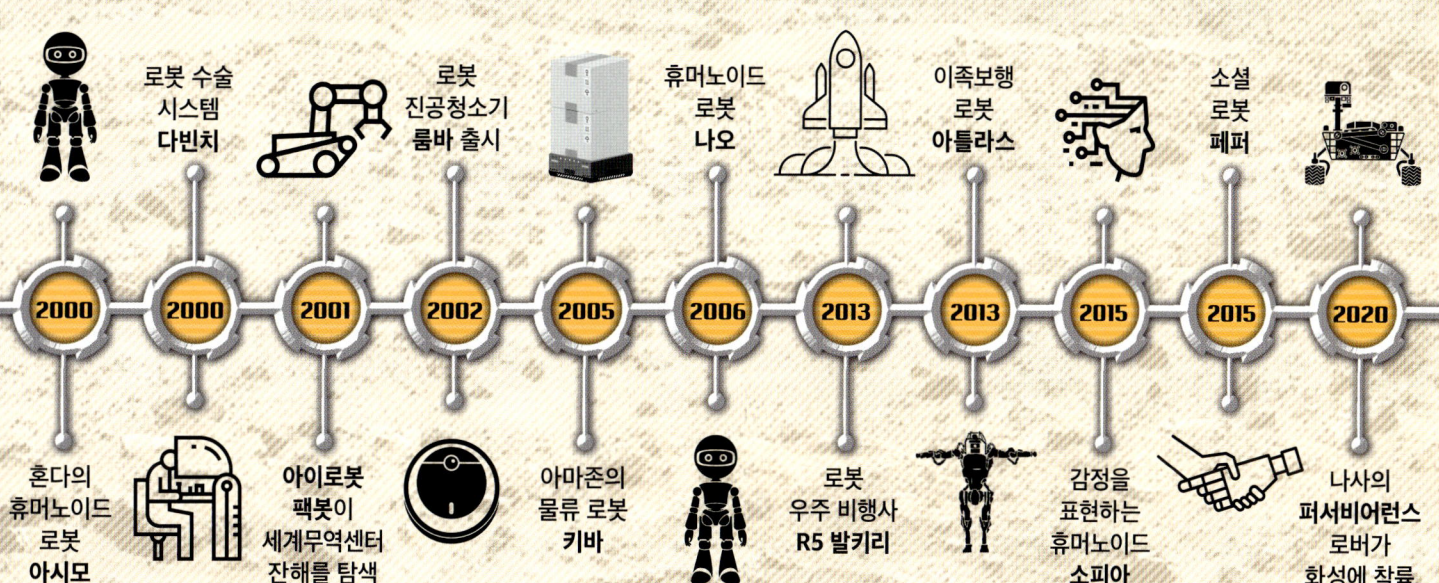

로봇의 구성

로봇의 모양과 크기는 다양하지만, 공통으로 전원, 제어 시스템, 센서나 말단 작동기 등의 구성 요소를 가지고 있다.
만약 로봇을 만들고 싶다면 무엇이 필요할까?

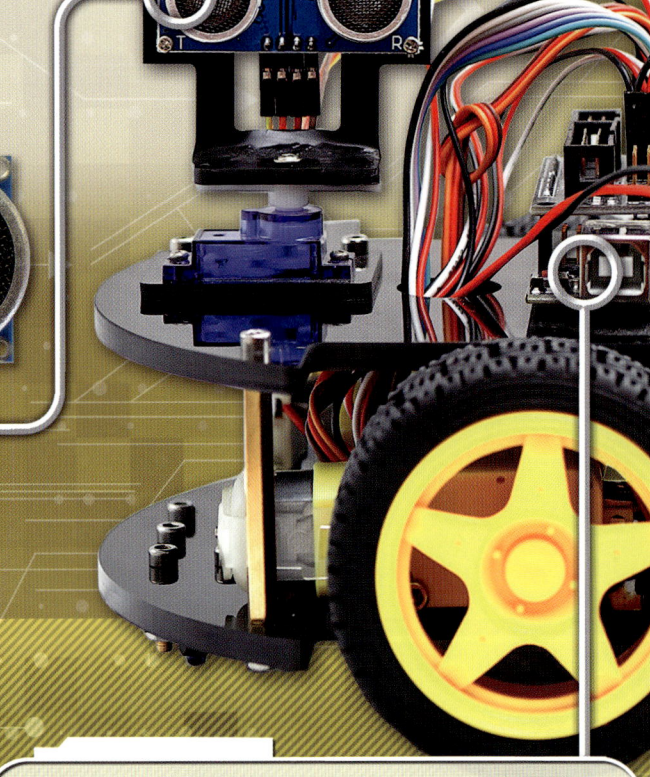

센서

우리가 주변 환경을 이해하기 위해 감각을 사용하는 것처럼 로봇에게도 전자 감각, 즉 **센서**가 필요하다. 어떤 센서는 로봇이 부품을 움직일 때의 위치와 속도를 확인한다. 로봇이 물체를 잡거나 들어올려야 하는 경우, 필요한 압력이나 힘을 계산하는 데도 센서가 도움을 준다.

이동식 로봇의 경우 앞에 놓인 장애물을 인식할 수 있어야 한다. 어떤 로봇은 단순히 물체와 부딪친 다음 그 주변의 다른 길을 찾는다. 또 다른 로봇은 박쥐처럼 초음파를 발사하여 **초음파**가 사물에 부딪혀 반사되어 되돌아오는 시간으로 거리를 측정한다. 비슷한 방식을 사용하는 **라이더**(LiDAR, Light Detection and Ranging)도 있으나, 초음파 대신 저전력 레이저를 사용한다는 차이점이 있다. 로봇의 위치를 기록하는 데 슬램(SLAM)이라고 불리는 GPS의 실내 버전을 사용하기도 한다.

제어 센터

로봇의 **중앙처리장치(CPU)**는 인간이라면 '두뇌'에 해당한다. 중앙처리장치는 프로그램의 명령을 받고, 센서에서 받은 정보를 모아 몸체와 말단 작동기에 지시하여 작업을 수행하도록 하는 곳이다.
이동식 로봇의 중앙처리장치는 로봇의 움직임과 속도를 결정하는 모터 제어기에 명령을 내린다.

전자 눈

로봇의 움직임을 기록하고 지켜보기 위해서는 비디오카메라가 필요하다. 웹캠을 사용하면 로봇이 보고 있는 것을 컴퓨터로 실시간 재생할 수 있다.
더 정교한 로봇들은 적외선 카메라를 탑재하고 있어서 어둠 속에서 열 신호를 감지해 살아있는 생명체를 찾아낼 수 있다.

배터리

모든 로봇은 전원(일반적으로 배터리)이 필요하다. 화성 표면을 탐사하는 로봇은 태양 전지를 사용하여 배터리를 충전한다.

작업을 위한 도구

조립 공장에서 일하는 로봇 팔의 말단 작동기에는 드릴이나 용접과 같이 특정 작업에 필요한 도구가 달려있다. 연구 중인 로봇 **아이컵**의 손은 사람처럼 생겼는데, 손가락 끝과 손바닥에 센서가 있어 물건을 쥐고 잡을 수 있다.

다빈치 수술 시스템 로봇 팔(21쪽)의 끝에는 집게, 절단 도구, 겸자 등 다양한 도구를 끼울 수 있는데 외과 의사의 지시에 따라 미세하게 움직인다.

로봇의 근육

액추에이터는 명령을 움직임으로 바꾸어주는 장치다. 액추에이터는 바퀴를 회전하거나 로봇 팔을 앞뒤로 움직이고 구부리는 힘을 제공한다.

위험 지역

로봇은 사람이 접근하기 어려운 극한 온도나 방사선 노출 등의 혹독한 작업 환경에서 대신 일할 수 있는 완벽한 수단이 되어준다.

폭탄 로봇

군사 작전용 로봇인 **팩봇**은 폭탄 제거나 감시, 정찰 등의 임무를 수행하기 위해 만들어졌다. 무한궤도로 움직이면서 좁은 통로를 통과하고 계단을 내려가면서 실시간으로 영상을 전송할 수도 있다. 팩봇은 2011년 지진과 쓰나미로 발생한 일본 후쿠시마 원자력 발전소 사고 현장의 첫 번째 방문자였다.

로봇 정보

- **모델:** 팩봇
- **제작:** 미국 아이로봇
- **연도:** 2002년
- **역할:** 폭탄 제거, 감시, 정찰
- **무게:** 11kg
- **속도:** 시속 9.3km
- **센서:** 주야간 카메라 4대, 양방향 오디오
- **도구:** 입체영상기, 알파 양자 X선 분광기

배설물 수집

냄새나는 일이지만 누군가는 해야만 하는 일들이 있다. 2015년 미국 매사추세츠 공과대학교(MIT)가 개발한 **루이지**는 사람의 배설물 샘플을 모으기 위해 만든 로봇이다. 맞다, 바로 똥을 수집한다! 과학자들은 루이지가 가져온 샘플을 분석해 당뇨 수치를 확인하고 항생제 내성이 있는 박테리아를 찾아내는 등 도시에 사는 사람의 건강을 파악할 수 있다. 1m 길이의 루이지는 모터, 펌프, 필터로 샘플을 빨아들여 걸러낸다.

강력한 수압 아래

깊은 바닷속의 수압은 인간을 짓눌러 버릴 정도로 강력하다. 인간이 심해를 탐사하려면 반드시 잠수정을 타야 하지만, 로봇이라면 그런 불편을 감수하지 않아도 된다. 영국의 국립 해양연구소가 개발한 로봇은 한 번에 수개월 간 물속에 머물면서 최대 6km의 깊이에서 해저 지도를 그릴 수 있다. 이 수중 탐사 로봇은 물속에서 발견한 정보들을 육지나 물 위에 있는 기지에 무선으로 전송한다.

로봇 정보

모델: 센타우로
제작: 이탈리아 기술연구원
연도: 2018년
역할: 재난 대응
높이: 1.5m
무게: 93kg
센서: 카메라, 라이더, 깊이 및 열 감지
도구: 인간의 도구를 쥐고 사용할 수 있는 손

말을 닮은 로봇

센타우로는 재난 구조용으로 개발된 경량 로봇으로, 바퀴가 달린 4개의 다리를 가지고 있어 말을 닮았다.
센타우로는 지진이 발생하면 잔해더미를 넘고, 웅크리고, 숙이고, 회전하고, 장애물을 들어 올려서 무너진 건물 속에 갇힌 부상자들을 찾아내며 그들에게 다가가기 위해 문을 부수기도 한다. 이 로봇은 마치 증강현실(AR)처럼 특수한 전신 **텔레프레즌스 슈트**를 입은 사람이 조종하는데, 로봇이 수행하는 작업을 보고 들을 수 있으며 실제로 만지는 것처럼 느낄 수도 있다.

이동 로봇

다리, 바퀴, 날개, 지느러미가 있는 로봇은 이리저리 움직이면서 사람이 하려는 일들을 도와줄 수 있다.

최고의 청소 도우미

바닥 청소를 로봇에게 맡기면 어떨까? 아이로봇의 진공청소기 **룸바**는 카메라, 센서, 실내 위치 확인 시스템을 가지고 있다. 룸바는 가구 주변을 돌아다니며 계단이나 높은 곳에서 떨어지지 않으며, 센서를 이용해 먼지가 쌓여 있는 곳을 찾아낸다. 지나다닌 길을 학습하여 가장 효율적인 경로를 알아내어 기억할 수 있고 스스로 충전소로 돌아갈 수 있다. 룸바는 두 개의 바퀴를 회전하면서 움직인다.

로봇 정보

모델: 룸바 966
제작: 미국 아이로봇
연도: 2015년   역할: 바닥 청소
높이: 1.5m   무게: 4kg
센서: 터치, 적외선, 내비게이션
도구: 회전 브러시, 진공 흡입구

바다뱀

노르웨이 기술단체인 엘룸은 심해 시설의 점검과 수리를 위한 로봇을 개발하고 있다. 이 로봇은 마치 바다뱀처럼 물속의 좁은 공간을 비집고 들어갈 수 있다. 여러 관절로 이루어진 유연한 몸체를 가지고 있고, 몸이 모듈로 되어 있어서 해야 할 일에 맞추어 교체할 수 있다.

긴 몸을 꿈틀거리며 민첩하게 헤엄칠 수 있으며, 앞부분에는 조명과 다양한 도구를 갖추었다. 기술이 완성된다면 해수면 500m 아래까지 내려가 해양 채굴 시설을 점검할 수 있을 것이라 기대하고 있다.

로봇 정보

모델: 스팟
제작: 미국 보스턴 다이내믹스
연도: 2019년
역할: 건설 검사 등 다양한 용도
무게: 30kg
높이: 0.84m
도구: 사물을 잡을 수 있는 로봇팔

개 로봇

개를 모방하여 만든 **스팟**은 거칠거나 미끄러운 바닥 위를 돌아다닐 수 있다. 스팟은 최대 14kg 무게의 화물을 실을 수 있으며 한 번의 배터리 충전으로 90분간 움직인다. 스팟은 앞면과 옆면 그리고 뒷면에 카메라가 있으며 건축이나 배달, 보안 업무에 사용될 수 있다.

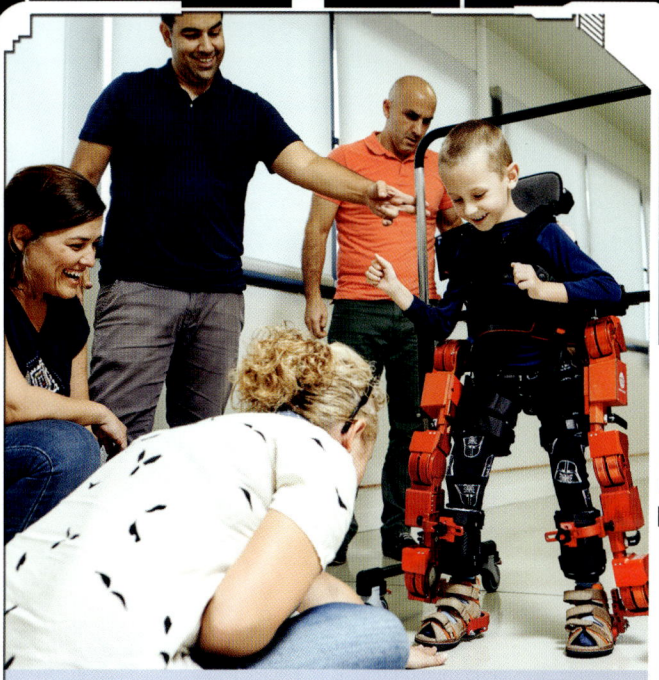

한 걸음 한 걸음

로봇은 사람들이 움직이도록 도와준다. **아틀라스 2030**은 하반신 마비, 사지 마비, 척추 문제로 걷지 못하는 아이들이 스스로 움직일 수 있도록 만들어진 외골격형 웨어러블 로봇이다. 몸이 불편한 아이가 착용하면 로봇이 움직임을 도우며, 조이스틱으로도 조종할 수도 있다.

애완용 로봇

소니가 개발한 아이보는 작고 귀여운 로봇 애완 강아지다. 이 장난감은 '앉아!', '놀아!', '흔들어!'와 같은 명령에 반응하며, 훈련을 시키면 공을 가지고 놀거나 진짜 개처럼 주인의 말을 따를 수 있다. 아이보는 6개의 센서, 동작 감지기, 광 감지기, 4개의 마이크 그리고 2대의 카메라를 가지고 있으며 100명의 얼굴을 구분할 수 있다. 이 애완동물 로봇은 집 안 구조를 학습하고 앱을 통해 새로운 재주를 배울 수도 있다.

전쟁 로봇

미래의 전쟁에는 오직 로봇만이 나가서 싸우게 될까?
군용 로봇은 이미 전쟁터에서 사용되고 있다.
드론은 감시와 폭발물 운반에 사용되고 있으며 병기로 무장한 순찰 로봇은
국경을 지키고 있다.

튼튼한 로봇

에이서(ACER, Armoured Combat Engineer Robot)는 아주 튼튼한 불도저 크기의 전투용 차량으로, 원격으로 조종된다.
폭발물 제거를 위한 기계 팔, 장애물을 잡거나 잘라내기 위한 절단기, 길을 치우기 위한 쟁기, 이 세 종류의 도구를 앞부분에 부착할 수 있다.
이 군용 차량은 화재를 진압하는 데도 사용된다.

외골격 슈트

XOS-2 외골격은 고압 유압 장치를 사용하여 착용자의 힘을 매우 크게 증폭시킨다. 이것을 입으면 장벽을 뚫고 지나가거나 90kg 무게도 쉽게 들어 올릴 수 있다.

로봇 정보

- **모델:** 에이서
- **제작:** 미국 메사 로보틱스
- **연도:** 2006년
- **역할:** 길 청소 및 폭발물 제거
- **무게:** 2,040kg
- **속도:** 시속 10km
- **도구:** 조종 팔, 절단기, 쟁기

로봇 정보

- **모델:** XOS-2 외골격
- **제작:** 미국 레이시언
- **연도:** 2010년
- **역할:** 군인의 신체 능력 강화
- **무게:** 95kg
- **센서:** 관절 동작 감지기
- **도구:** 기계식 펜치

부상자 구조

베어(BEAR, Battlefield Extraction-Assist Robot)는 2005년 미국의 회사 베크나 테크놀러지스가 전쟁터에서 부상한 군인들을 구조하기 위해 개발한 군용 로봇이다.
이 로봇에는 카메라와 마이크가 있어 조종사가 음성 명령이나 **아이글러브(iGlove)**라고 불리는 모션 캡쳐 장치를 사용하여 원격으로 조종할 수 있다. 베어는 유압 장치를 사용하여 225kg까지 들어 올릴 수 있다.
이 장치로 부상한 군인을 들어 올려 안전한 장소로 옮긴다.

극한 임무

바퀴 달린 전투용 로봇인 **드래곤 러너**는 전투가 벌어진 도시에서 가장 어려운 임무를 수행하기 위해 만들어졌다.
무게는 9kg에 불과해 쉽게 운반할 수 있고, 달리는 차량이나 3층 건물 높이에서 던질 수 있다. 사람은 **와이파이**와 비디오카메라로 이 로봇을 원격조정하여 적을 감시한다. 탑재된 센서는 9m 떨어진 곳의 움직임까지 탐지할 수 있고, 팔을 뻗어 길가의 폭발물을 제거할 수도 있다.

첨단 탱크

모듈형 첨단 무장 로봇 시스템을 뜻하는 MAARS(Modular Advanced Armed Robotic System)는 정찰, 감시 및 적의 정보를 알아내기 위해 미군이 개발 중인 소형 로봇 탱크다.
이 로봇은 순찰을 돕고 확성기를 사용해 명령을 내린다. 기관총과 유탄 발사기로 무장할 수 있는데, 발사는 사람 조종사만이 할 수 있다.

드론 정보

모델: 마르스(MAARS, Modular Advanced Armed Robotic System)
제작: 영국 퀴네티크
연도: 2008년
역할: 정찰, 감시 및 표적 획득
무게: 159kg
속도: 시속 11km
센서: 주야간 카메라, 동작 및 포화 감지
도구: 조종 팔, 확성기, 기관총, 유탄 발사기 4대

*표적 획득: 표적을 감시하여 관련 정보를 알아내는 일

자동차 산업

1954년 유니메이트가 조립 공장에서 등장하면서 사람은 로봇과 힘을 합쳐 더 안전하고 빠르고 저렴하게 생산할 수 있는 방법을 찾기 시작했다. 오늘날 공장에서 일하는 산업용 로봇은 100만대 이상이다.

로봇팔 부대

대부분의 산업용 로봇은 부품을 옮겨서 배치하고, 용접하고, 스프레이 칠을 하고, 제품을 테스트하는 등 반복되는 프로그램을 따르는 로봇팔이다. 이들은 같은 일을 정확하게 반복하며 힘들어하지도 않고 휴식도 필요 없다. 자동차 산업은 로봇 기술을 가장 많이 사용하고 있는 분야다.

로봇 정보

- 모델: 유미
- 제작: 스위스 ABB 로보틱스
- 연도: 2015년
- 역할: 작은 부품 조립
- 높이: 56cm
- 무게: 38kg
- 센서: 카메라
- 도구: 2개의 팔, 교체 가능한 집게

동료의 얼굴

어떨 땐 동료의 얼굴을 바라보는 것도 좋다. 소형 외팔 로봇인 소이어는 스크린에 기분을 나타낼 수 있다. 여러 개의 관절은 각기 회전이 가능하고 팔은 1.26m까지 뻗을 수 있으며 금속 스탬핑, 포장 및 품질 관리 등 반복되는 작업을 최대한 정확하게 수행할 수 있다. 드물지만 어쩌다 실수를 저지른다면, 소이어의 스크린은 슬픈 얼굴을 할 것이다.

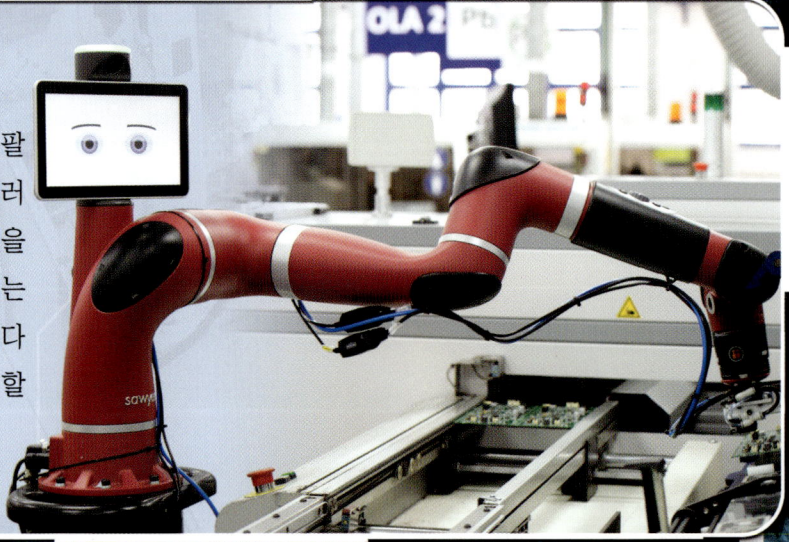

*금속 스탬핑: 금속판에 올록볼록한 모양을 찍어내는 가공방식

주문받기

온라인 소매업체 아마존은 거대한 물류 센터에 **키바** 로봇을 사용하여 주문한 물품을 찾고 포장과 배송을 준비한다. 이들은 세계에서 가장 큰 로봇팔 중 하나인 로보스토의 도움을 받는다. 아마존은 45,000대 이상의 키바를 보유하고 있으며, 이들은 밤낮으로 일하고 창고 주변에서 자신의 무게 4배에 달하는 상품 선반을 옮겨 나른다.

로봇 정보

모델: 키바
제작: 미국 아마존 로보틱스
연도: 2005년
역할: 운반
무게: 110kg
속도: 시속 4.8km
센서: 내비게이션
공구: 바코드 스캐너, 승강 장치

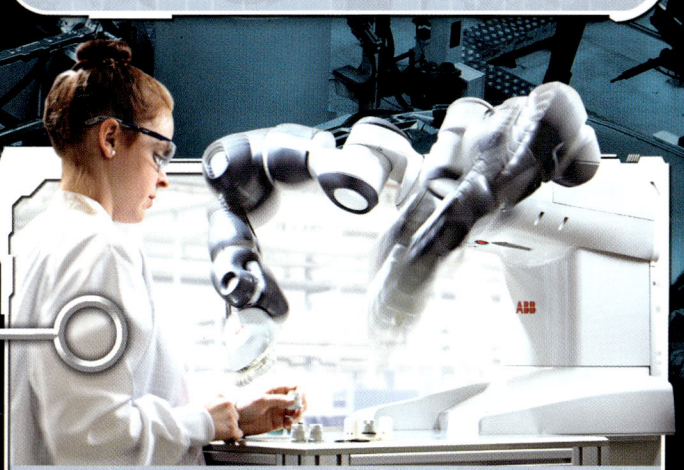

협동 로봇

코봇은 사람들과 함께 일하는 협동 로봇(COBOT, collaborative Robot)을 이르는 말이다. 너(you)와 나(me)를 뜻하는 **유미**가 그 대표적인 예다. 유미의 두 팔은 섬세한 작업을 매우 정확하게 수행하는데, 단 한 번의 실수 없이 종이비행기를 수천 번 접을 수 있다. 몸체는 만지면 부드러우며 충돌이 감지되면 빠른 반응 속도로 전원을 끌 수 있다. 인간 작업자들 옆에서 작은 부품들을 조립하면서 안전하게 일하며 커피 한 잔도 만들어 줄 수 있다.

함께 들기

로봇이 자동차 공장에서 부품을 무겁게 들어 올리는 동안, 인간은 웨어러블 로봇 기술 덕분에 작업이 가벼워졌다. 독일의 자동차 제조회사인 아우디에서는 작업자들의 육체적인 스트레스를 덜어줄 수 있는 경량 **외골격** 로봇을 시험해왔다. 이러한 웨어러블 로봇은 무게가 3kg에 불과하며 상체와 허벅지에 착용해 마치 옷을 입은 것 같은 느낌이 든다. 미국의 자동차 제조업체인 제너럴 모터스는 미국항공우주국 나사와 함께 노동자들의 수고를 덜어주기 위해 이러한 로봇 기술을 연구한 끝에 **로보글로브**를 발명했다. 이것을 착용하면 작업자의 악력이 많이 증가해 힘을 덜 들이고도 오랜 시간 도구를 잡고 일을 할 수 있다.

로봇이 대신하는 작업

로봇이 할 수 있는 일의 종류는 한정되어 있을까?
기계가 사람의 역할을 대신하는 곳은
공장뿐만이 아니다.
다양한 분야에서 열심히 일하고 있는
로봇들을 만나보자.

로봇 정보

모델: 안봇
지은이: 중국 국방과학대학교
연도: 2016년
역할: 보안
무게: 78kg
속도: 시속 18km
센서: HD 카메라 4대, 오디오 녹음기, 공기 질과 온도 감지
도구: 비디오 화면, 테이저 총

광산 개발

호주에서는 거대한 무한궤도 덤프트럭이 철광석을 수집하고 전국으로 운반하고 있지만, 운전석에는 아무도 없다! 이 377t의 무인 로봇 트럭들은 GPS, 레이더, 레이저 센서를 사용하여 길을 찾고, 광석을 담아 새로운 장소로 가져간다. 이들을 조종하는 사람은 1,200km 떨어진 기지에 있으며, 멀리 떨어진 광산 현장을 방문할 필요가 없다.

컴퓨터 경찰

안봇은 중국 선전에 있는 공항의 보안을 지키고 있는 경찰 로봇이다. 위협적으로 보이지는 않지만, 범죄와의 전투와 폭동 진압을 위해 프로그래밍 되어 있고 시속 18km로 움직이며 전기충격 무기를 갖추고 있다. 안봇의 인공지능은 얼굴을 인식하여 데이터베이스와 대조해 범죄자들을 찾을 수 있다.

실력 좋은 의사

다빈치 수술 시스템은 매우 까다로운 수술을 돕는 원격 제어 시스템으로, 1mm 이내의 오차로 사람보다 훨씬 정확하게 수술 도구를 움직일 수 있다. 외과 의사는 수술 장면을 3D 영상으로 보면서 조종간과 페달로 로봇을 움직인다. 2000년부터 4,000대 이상의 다빈치 기계들이 300만 번이 넘는 수술을 하며 그 성능을 증명해왔다.

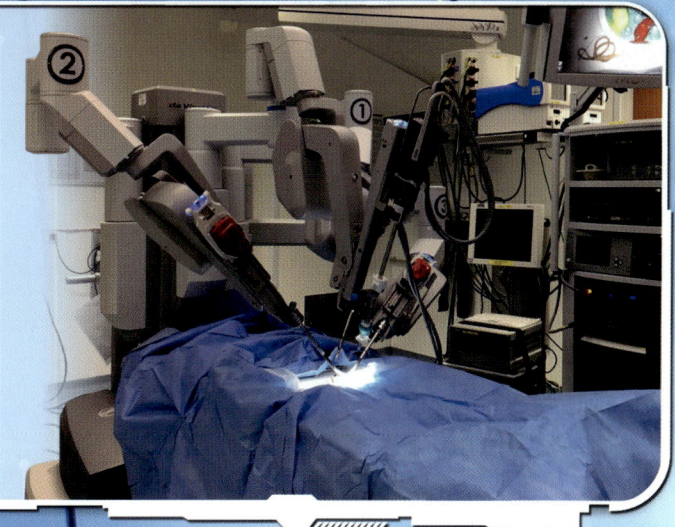

로봇 정보

모델: 게코 파사드
지은이: 스위스 세르봇
연도: 2015년 **역할:** 유리창 청소
무게: 70kg **속도:** 내비게이션
센서: 흡착판, 회전 브러시가 있는 팔

창문 청소 로봇

고층 빌딩의 창문 청소는 높은 곳을 무서워하는 사람에게 불가능한 일이다. 고맙게도 게코 파사드 로봇 유리창 청소기는 꼭대기 층에서 떨어지는 것을 두려워하지 않는다. 이 로봇 청소기는 자동 윈치를 사용하여 건물을 미끄러지듯이 올라가며 회전 브러시로 유리를 닦는다. 매일 8,000㎡ 면적의 창문을 닦을 수 있다.

*****윈치:** 밧줄이나 쇠사슬로 무거운 물건을 올리거나 내리는 기계

로봇의 요리

로봇이 맛있는 음식을 만들어 줄 수 있을까?
몰리 로보틱 키친에게 미각은 없지만, 센서와 카메라를 사용하여 전문 요리사의 움직임을 그대로 흉내 낼 수 있으며, 요리법 목록에서 하나를 골라 여러분을 위한 음식을 만들어 줄 수 있다. 다만 로봇 요리사가 작업을 시작하기 전에 재료들을 측량하고 특별한 용기에 넣어 주어야 한다.

멋진 안드로이드

안드로이드는 사람의 모습을 한 로봇이다.
어린이를 위한 교육용이나 놀이용으로 사용되기도 하고, 인공 피부, 표정과 유머 감각까지 갖추고 있어 진짜 사람을 닮은 것도 있다.

무전기

1973년, 일본의 발명가 **가토 이치로**는 최초로 인간과 비슷한 크기와, 지능, 모습을 가진 로봇, 안드로이드 **와봇1**을 선보였다. 와봇1은 자신의 팔다리를 움직이며 걸을 수 있었고, 주변을 볼 수 있었으며, 물체를 운반하거나 일본어로 말할 수도 있었다. 지능은 18개월 정도 된 아이의 수준이었다.

아이들의 놀이 친구

1m 크기의 **아이팔**은 어린이를 위한 놀이 친구이자 교육 도구로 만들어졌다.
말하기, 노래하기, 춤추기, 가위바위보 같은 게임을 할 수 있으며, 터치스크린에는 교육적인 게임들이 가득 들어 있다.
이 로봇은 자폐성 아동들이 사회성을 키우도록 돕거나 어린아이를 돌보아 줄 수 있으며, 카메라로 찍은 영상을 부모에게 공유할 수도 있다.

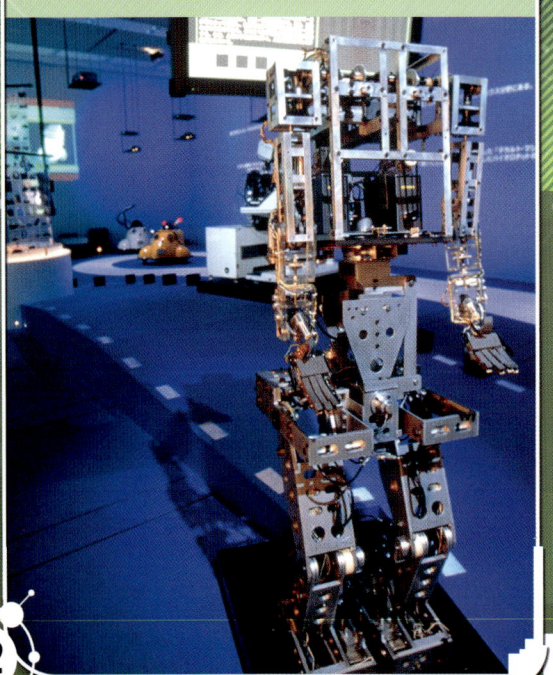

로봇 정보

모델: 아이팔
지은이: 중국 아바타마인드
연도: 2016년
역할: 교육　　**무게:** 13kg
센서: 카메라, 충돌 방지
도구: 터치스크린, 움직이는 팔

득점

슛, 골인! **나오**는 축구를 하거나 춤을 추다가 넘어졌을 때 다시 일어날 수 있는 안드로이드 로봇이다. 로봇 나오는 50개가 넘는 센서를 가지고 있어서 방에서 길을 찾을 수 있다. 정보를 알려주거나 고객을 응대하는 데도 사용되고 있다

로봇 정보

모델: 나오
지은이: 프랑스 알데바란 로보틱스
연도: 2006년
역할: 교육
높이: 58cm   **무게**: 5.5kg
센서: HD 카메라 2대, 마이크, 적외선 및 음파 측정기, 촉각 및 압력
도구: 움직이는 팔다리

인간형 로봇의 선두주자

아틀라스는 움직임이 매우 정교한 안드로이드 로봇이다. 28개의 유압 관절을 가지고 있으며 두 다리로 서서 걸을 수 있다. 마치 사람처럼 몸을 앞으로 기울여 걸으면서 균형을 잡을 수 있고, 넘어지면 스스로 일어날 수도 있다. 현재 아틀라스는 달리기, 점프, 심지어 뒤로 공중제비까지 가능한 수준에 이르렀다!

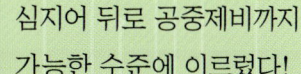

토크 쇼의 여왕

소피아는 홍콩의 핸슨 로보틱스가 개발한 여성 휴머노이드로, 사람처럼 반응하고 50가지의 표정을 지을 수 있다. 심지어 농담도 가능하다. 그녀는 음성 인식 소프트웨어를 갖춘 **인공지능(AI)**으로 제어되어 질문에 대답하고 대화를 이어갈 수 있다. 2016년에 활동을 시작한 소피아는 이미 전 세계의 수많은 과학 및 토크 쇼에 출연한 슈퍼스타이다. 그녀는 브라질에서 패션 잡지의 표지 모델이 되기도 했다.

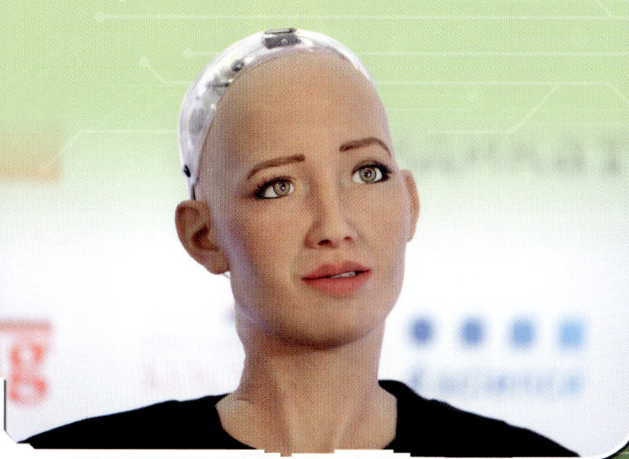

로봇 정보

모델: 아틀라스
지은이: 미국 보스턴 다이내믹스
연도: 2013년
역할: 구조
무게: 75kg
높이: 1.5m
센서: 라이더 및 입체 영상 카메라
도구: 로봇팔

로봇 스타들

로봇들은 레이싱을 하고, 불꽃을 쏘고,
넓은 우주를 여행하면서 위대한 일들을 성취하고 있다

로봇 레이서

네 다리를 가진 가장 빠른 로봇 중 하나이며, 이에 어울리는 이름을 가진 로봇은 **치타**다. 치타의 최고 속도는 시속 45.5km이고 허들을 뛰어넘을 수도 있다. 단거리 달리기 선수의 기록을 깰만한 속도이기는 하지만, 살아있는 치타의 속도인 시속 100~120km 에는 한참 못 미친다.

로봇 정보

모델: 치타
지은이: 미국 매사추세츠공과대학교 (MIT)
연도: 2012년
역할: 검사 및 구조
무게: 32kg
속도: 시속 45.5km
센서: 카메라, 충돌 방지

무대 위 로봇

세계에서 가장 큰 보행 로봇은 **트라디노**로 길이 15m, 무게 10t으로 판타지 영화에 등장하는 불 뿜는 용을 닮았다! 거대한 괴물처럼 생긴 **트라디노**는 무선 조종으로 움직이며, 공연에 출연하기 위해 만들어진 로봇이다. 트라디노는 날개를 펄럭이고 입과 콧구멍으로 불을 내뿜을 수 있다.

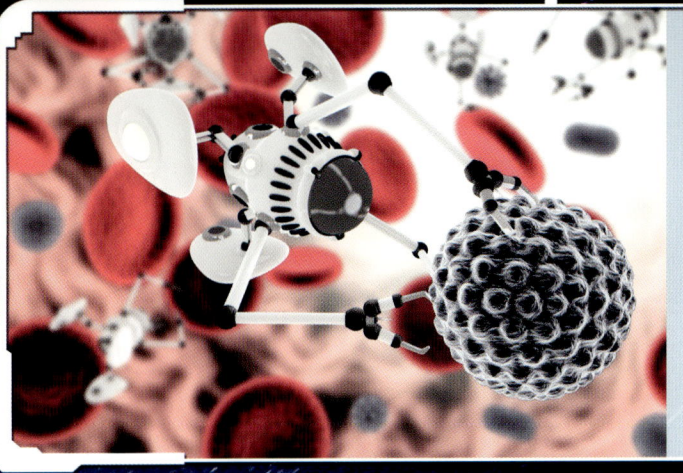

마이크로 의학

육안으로는 볼 수 없는 아주 작은 나노봇은 의학 분야에 놀라운 진보를 가져올 것이다. 지름이 겨우 120nm에 불과한 이 작은 기계들은 사람의 세포와 상호작용하기 위해 자기장으로 제어된다. 그들은 약물을 암세포에 전달하고 심지어 암세포들을 다른 장소로 옮길 수도 있다.

*1nm(나노미터): 1mm(밀리미터)의 백만분의 일

가장 먼 곳의 개척자

1977년에 발사된 **보이저 1호**는 목성과 토성을 탐사하기 위해 만들어진 로봇 우주선이다. 현재 성간 우주를 항해하고 있으며, 인간이 만든 물체 중 지구에서 가장 멀리 떨어져 있다. 원자력 전지로 전력을 얻고 있으며 외계인과 만날 가능성을 두고 지구의 소리와 이미지를 담은 골든 레코드판을 싣고 있다.

가상의 명연주자

자동차 제조기업인 토요타는 가사와 간호를 위한 보조 로봇을 개발하고 있다.
토요타는 2007년에 자신들의 기술을 과시하기 위해 바이올린을 연주할 수 있는 로봇을 만들었다. 이 로봇은 손과 팔에 17개의 관절이 있어서, 현을 짚은 손을 떨며 연주하는 기교인 비브라토도 가능하다.

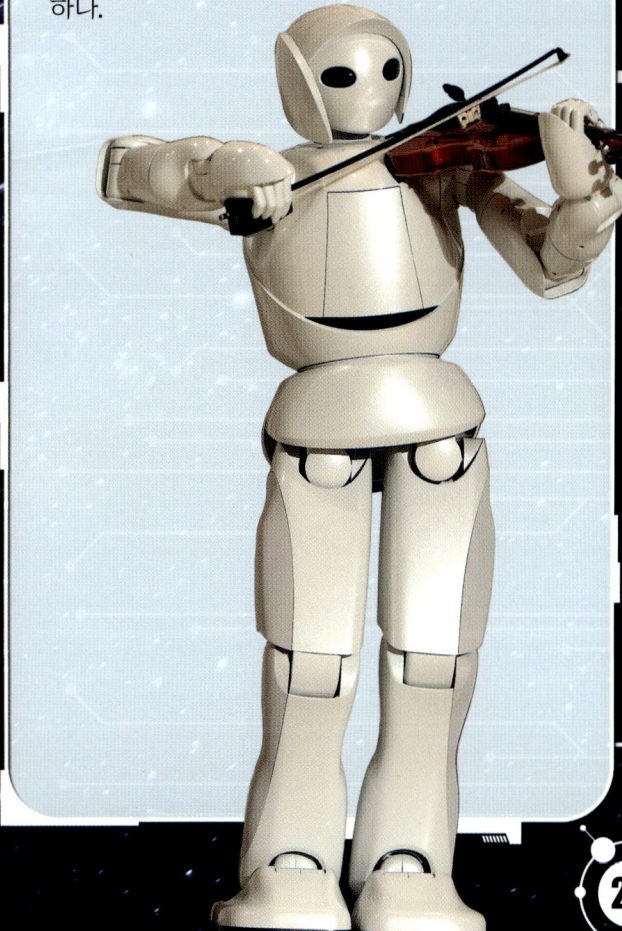

로봇 정보

- **모델:** 트라디노
- **지은이:** 독일 졸리너 엘렉트로닉 AG
- **연도:** 2010년
- **역할:** 극장용
- **높이:** 12.3m
- **중량:** 10t
- **속도:** 시속 1.8km
- **센서:** 238개의 모션 센서
- **도구:** 움직이는 다리, 꼬리, 날개

로봇과 영화

로봇은 공상과학소설(SF) 속에서 좋은 역할이든 나쁜 역할이든 중요한 역할을 맡아왔으며, 로봇을 바라보는 방식에 영향을 주었다. 작가 아이삭 아시모프는 소설 속에서 로봇 행동에 대한 법칙을 만들기도 했다.

영화 <은색의 사이렌>

메트로폴리스는 프리츠 랑 감독의 무성 영화로 1927년 독일에서 개봉했다. 이 영화는 지상의 부르주아들과 지하 노동자들의 세계가 나뉘는 암울한 미래를 배경으로 하고 있는데, 한 과학자가 노동자들을 지배하기 위해 **마리아**라는 여성 로봇을 만든다.

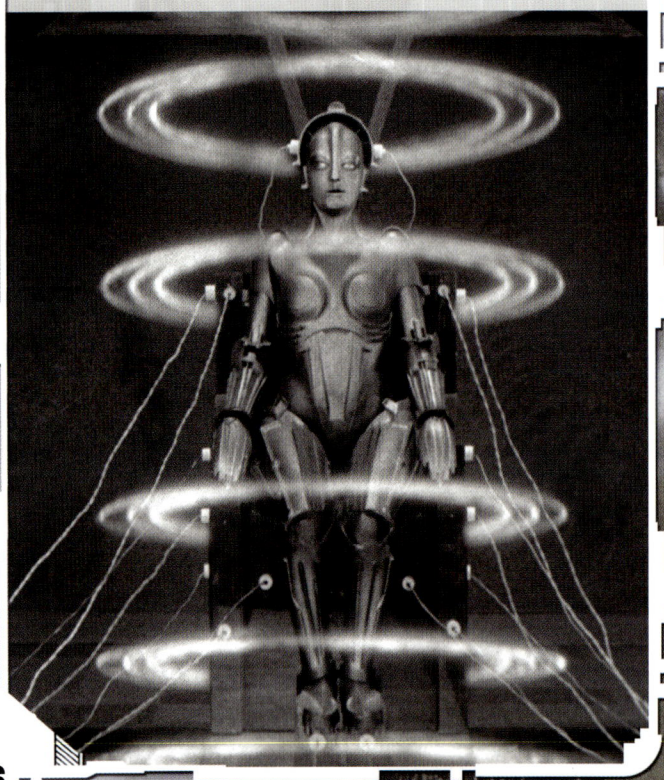

영화 <스타워즈>

1977년의 **스타워즈** 드로이드 캐릭터인 **C-3 P0**와 **R2-D2**는 시리즈 속 개그 콤비로 종종 곤경에 처하기도 한다. 이들은 인간적인 성격을 가지고 있는데, C-3 P0는 수다스럽고 걱정이 많으며, R2-D2는 고집이 아주 세다. 이후 BB-8이라는 이름을 가진 활기찬 성격의 드로이드가 관객들 앞에 새롭게 등장했다.

로봇 3원칙

미국의 작가 **아이삭 아시모프**는 그가 쓴 단편소설 〈술래잡기 로봇〉에서 **로봇의 3원칙**을 제시했다. 이 원칙은 로봇을 프로그래밍하기 위한 매우 합리적인 개념으로, 다음과 같다.

1. 로봇은 사람에게 해를 입혀서는 안 되며, 또한 사람이 위험에 처하도록 방관해서도 안 된다.

2 로봇은 제1원칙에 위배 되지 않는 한, 인간의 명령에 따라야 한다.

3 로봇은 제1원칙 또는 제2원칙에 위배 되지 않는 한, 자신을 스스로 보호해야 한다.

아시모프의 소설은 2004년에 개봉된 영화 〈아이, 로봇〉의 소재가 되었다. 이 영화 속에 등장하는 로봇은 의도적으로 원칙을 깨뜨려 살인을 저지른다.

영화 〈월-E〉

월-E는 2008년에 개봉한 픽사의 컴퓨터 애니메이션 속 주인공이다.

배경이 되는 29세기의 지구는 쓰레기로 뒤덮이고 오염된 황무지가 되었다. 인류는 7세기 전 거대한 우주선으로 대피해서 살고 있어서 지구는 사람이 살고 있지 않다. 지구에 유일하게 남아 움직이고 있는 것은 **월-E**(WALL-E)라는 이름의 쓰레기 압축 로봇뿐이다.

로봇의 발전

미래의 로봇은 어떤 모습일까?
단순 반복적인 작업을 도맡게 될까? 우리의 가장 친한 친구가 되어 줄까? 아니면 우리의 지배자가 될까?
어느새 현실로 다가오고 있는 로봇의 미래를 상상해 보자.

로봇 우주 비행사

2013년에 개발된 나사(NASA)의 **R5 발키리**는 미래의 우주 비행사로 만들어졌다. 두 다리로 걷는 이 로봇은 인간보다 먼저 화성으로 가서 인간이 살아가는데 필요한 시설을 건설할 수 있다. **R5 발키리**는 당연히 음식, 물, 공기가 필요 없고, 배터리로 움직인다. 운전, 사다리 오르기, 그리고 공구를 다루는 등 인간 대신 많은 일을 할 수 있다.

로봇 정보

모델: R5 발키리
연도: 2013년
역할: 로봇 우주 비행사
무게: 136kg
컴퓨터: 2개의 인텔 코어 i7
센서: 레이저, 3D 입체 영상, 비디오 기능을 가진 헤드 카메라
도구: 38개의 센서가 있는 세 개의 손가락

클라우드 로봇

미래의 로봇들은 직접 경험해서 배우지 않더라도 온라인 연결을 통해 다른 로봇이나 인간의 경험을 배울 수 있다. **클라우드 기반**의 소프트웨어 덕분이 인간이 매번 일일이 업데이트해주지 않아도 로봇 스스로 새로운 질문에 대한 해답을 찾을 수 있게 될 것이다. 월드와이드웹(WWW)처럼 로봇들끼리 온라인으로 정보를 공유하는 **로보넷**이 생길지도 모른다.

기술의 역전

미래에는 인간이 따라갈 수 없는 속도로 로봇이 빠르게 발전하게 될 것이다. 그렇게 되면 인간은 문제투성이 존재로 보일 수도 있다.
군대에서는 인간이 조종하는 살상 로봇을 사용할 수도 있다.
만약 로봇이 판단과 선택을 할 수 있게 된다면 어떤 일이 벌어질까?

미래의 친구

로봇의 의사소통 기술과 사회성이 발달하면서 우리의 친구가 될 수도 있다. 로봇은 이미 어린이들을 가르치고 함께 놀아주며 노인 환자들을 돌보고 있다. **인공지능**이 발전하면 로봇은 의식을 가지고 스스로 보호받을 권리를 요구할지도 모른다.

로봇일까? 사람일까?

인간의 신체 일부분을 로봇으로 교체하면 더 오래 살 수 있을까?
신체 일부를 잃은 사람은 이미 인공 팔이나 인공다리의 도움을 받고 있고, 시력에 문제가 있는 사람은 망막 이식 수술을 통해 시력을 회복하기도 한다. 사이보그란 인간의 부분과 기계의 부분을 모두 가진 존재를 말한다. 미래에는 이렇게 반은 인간이고 반은 기계인 사람을 쉽게 만날 수도 있다. 여러분도 사이보그로 변신할 수 있을까?

용어 풀이

광석 금속을 얻을 수 있는 암석이나 토양

나노봇 초소형 로봇

라이더(LiDAR) 레이저 반사로 주변을 파악하는 탐지 시스템

로보넷 로봇 통신에 이용되는 인터넷

무리 떼를 짓는 것

사이버네틱스 인간과 기계와의 통신을 다루는 과학

사이보그 신체 일부가 기계로 되어 있는 인간

센서 주변 환경에 관한 정보를 수신하는 장치

스트림 인터넷에서 음악이나 실시간으로 재생하는 것

슬램(SLAM) 낯선 장소의 지도를 만드는 프로그램

와이파이(WiFi) 장치가 무선으로 인터넷에 연결될 수 있도록 하는 통신 기술

외골격 밖에 있는 뼈, 기관 또는 기계

위성위치확인시스템(GPS) 인공위성의 신호를 이용해 사람이나 사물의 정확한 위치를 알려주는 시스템

윈치 튜브 모양의 장치 주위에 체인이나 밧줄을 감아 무거운 물건을 들어올리는 기계

유압식 동력을 만들기 위해 액체를 사용하는 것

음파탐지기 음파를 사용하여 거리나 방향을 측정하는 탐지 시스템

잠수정 물속으로 들어갈 수 있고 특히 무인으로 작동하는 배

정찰 군사적인 목적으로 어떤 지역을 감시하는 일

중앙처리장치(CPU) 마이크로프로세서. 컴퓨터의 작동을 제어하는 부분

클라우드 기반 인터넷 기반

텔레프레전스 사용자가 멀리 떨어진 장소에 실제로 있는 것처럼 느끼게 만드는 기술

휴머노이드 사람의 외모와 행동을 닮은 기계나 생물

참고할 만한 사이트

Guide to World of Robotics
Robotics news from the Institute of Electrical and Electronics Engineers (IEEE): robots.ieee.org

LEGO Mindstorms
Build a robot site: lego.com/mindstorms/build-a-robot

Popular Mechanics
Articles on robots from a long-running science magazine: popularmechanics.com/technology/robots/

Robots.nu
Information about robots in our lives: www.robots.nu

TED Recommends
Talks about robots: www.ted.com/topics/robots

Science Kids: Robots
Check out the exciting world of robots through fun games, interesting facts, awesome projects, cool quizzes, amazing videos and more: http://www.sciencekids.co.nz/robots.html

참고할 만한 책

A Robot World, Clive Gifford (Franklin Watts, 2017)

DKfindout! Robots, (DK Children, 2018)

Adventures in STEAM: Robots, Izzi Howell (Wayland, 2017)

Kid Engineer: Working with Computers and Robotics, Sonya Newland (Wayland, 2020)

찾아보기

ㄱ
가라쿠리 7
가토 이치로 22
게코(GEKKO) 파사드 21
군사 로봇 5, 12, 13, 16, 17, 29

ㄴ
나노봇 5, 25
나오 9, 23

ㄷ
다빈치 수술 시스템 9, 11, 21
드래곤 러너 17

ㄹ
레오나르도 다 빈치 7
로보글로브 19
로봇 3원칙 27
로봇 팔 4, 11, 18, 19
로봇의 부품 10, 11
루이지 13
룸바 9, 14

ㅁ
마르스(MAARS) 17
마이크로봇 5
몰리 로보틱 키친 21

ㅂ
베어(BEAR) 17
보안 4, 20

ㅅ
사이보그 29
센타우로 13
셰이키 8, 9
소송 6
소이어 18
소저너 8, 9
소피아 23
수술 로봇 5, 9, 11, 21, 25, 29
스팟미니 15

ㅇ
아르키타스 6
아이보 8, 15
아이삭 아시모프 26, 27
아이커브 11
아이팔(iPal) 22
아틀라스 2030 외골격 15
아틀라스 9, 23
안봇(AnBot) 20
에이서(ACER) 16
엘룸 14
역사 4, 5
영화 26, 27
오토마톤 6, 7
오퍼튜니티 9
와봇 18, 22
우주 4, 5, 8, 9, 25, 28
윌리엄 그레이 월터 8
유니메이트 8, 9, 18
유미 18, 19

ㅈ
잠수함 13
장난감 4, 8, 15, 22, 23
재난대응로봇 12, 13, 16, 17, 24

조지 데볼 9

ㅊ
청소로봇 4, 9, 14, 21
치타 24

ㅋ
카렐 차페크 4
코봇 19
큐리오시티 5, 9
키바 9, 19

ㅌ
트라디노 24
트럭 20

ㅍ
패스파인더 8, 9
팩봇 9, 12
퍼서비어런스 9
피에르 자케드로 7

R
R5 발키리 9, 28

X
XOS-2 외골격 16